2

QUELQUES OBSERVATIONS SUR LES CONSTITUTIONS DE L'EMPIRE,

Par MILLIET DE St. ADOLPHE,

Ancien Inspecteur des Convois d'Artillerie.

PARIS,

Chez L'Auteur, rue Poissonnière, n°. 21 ;
Delaunay, Dentu, Libraires, au Palais-Royal, galerie de bois ;
Et chez tous les Marchands de Nouveautés.

De l'Imprimerie de Hocquet, rue du Faub. Montmartre, n°. 4.

MAI 1815.

QUELQUES
OBSERVATIONS
SUR
LES CONSTITUTIONS DE L'EMPIRE.

Le retour de l'Empereur nous avait formé en réunion presque journalière, où chacun peignait la joie qu'il éprouvait depuis que les papiers publics nous avaient appris en fulminant, que Napoléon était débarqué à Cannes avec environ mille hommes. Ce n'est pas sans une vive émotion, mêlée de quelqu'inquiétude, que nous suivions ses pas dans le Bas-Dauphiné, à Grenoble, Bourgoin et Lyon.

Mais arrivé dans cette seconde capitale de la France, notre émotion ne fut plus mêlée d'aucune crainte, et dès ce moment nous n'avons plus parlé que du bonheur de jouir d'une sage liberté que S. M. nous promettait par sa proclamation qui nous était furtivement parvenue. Nous ne rêvions plus que constitutions libérales; que mesures prises pour assurer la tranquillité intérieure, et l'intégrité de notre territoire retréci; que précautions prises contre tout acte attentatoire à notre liberté, et par conséquent à notre bonheur.

Le jour que la constitution annoncée devait paraître était enfin fixé, et nous n'aurions pas manqué cette fois notre réunion, eussions-nous dû perdre un empire. Le nombre accoutumé fut plus que complet, et il fut fait lecture des décrets et articles additionnels relatifs aux Constitutions de l'Empire; lesquels articles étaient soumis à l'acceptation du peuple.

Des observations préliminaires furent faites sur différens articles, qui, je l'avourai, causèrent l'étonnement de quelques personnes. M'apercevant d'un mécontentement peu favorable à une discussion tranquille, je proposai de nous séparer, et de remettre au lendemain la dissection de ses articles, d'après un examen fait dans la méditation et l'isolement : ma proposition fut acceptée, et chacun s'y conforma.

Notre discussion ayant recommencée le lendemain et les jours suivans, je me bornerai à en faire connaître seulement les résultats, et non les petites tracasseries que dévaient nécessairement faire naître la diversité des opinions sur les moyens d'assurer le bonheur des Français, la sûreté de l'Empire et du trône, et le maintien de tous nos droits. Voici ces résultats d'après les notes approuvées par la majorité des membres de notre petite réunion, et que j'ai recueillies avec soin.

« Suivant le cours des événemens qui ont précédé l'abdication de l'Empereur Napoléon, le premier alinéa du préambule, mis en tête des articles additionnels aux Constitutions antérieures, pourrait être vu sans inconvénient par la grande majorité des Français; mais l'interrègne qui a existé pendant l'occupation du trône par le comte de Lille, que nos ennemis y avaient placé, et le nouveau système de politique intérieure et extérieure, nécessitait, non un préambule de ce genre et des actes additionnels aux Constitutions de la république et de l'Empire, mais une refonte de tous ces actes en un seul, qui présente au premier coup d'œil la loi générale sur laquelle le peuple Français doit régler à l'avenir ses paroles, ses actions et sa conduite; parce qu'on ne peut disconvenir que le nombre de Constitutions que la France a reçu depuis vingt-cinq ans, a dû faire oublier les unes par les autres à chaque citoyen français.

Le second alinéa du même préambule, s'exprime ainsi : « A ces causes, voulant, » d'un côté, conserver du passé ce qu'il y » a de bon et salutaire, et de l'autre, ren» dre les Constitutions de notre Empire con» formes en tout aux vœux et aux besoins » nationaux, ainsi qu'à l'état de paix que » nous désirons maintenir, etc. » Aucun Français, depuis le plus zélé partisan de la famille des Bourbons, s'il en existe encore, jusqu'au républicain le plus exaspéré, ne peut nier que l'Acte constitutionnel du 22 frimaire an 8, et même les Sénatus-consulte des 14 et 16 thermidor an 10, et 28 floréal an 12, ne renferment des séries d'articles auxquels on ne saurait donner trop d'éloges, puisqu'ils offrent le double avantage de l'intérêt général du peuple et du gouvernement. Mais on ne peut se dissimuler qu'un grand nombre d'articles de ces mêmes actes exigeraient d'être retouchés, pour les rendre propres à la nouvelle position de la France, qui vient, par les soins du souverain, de reconquérir sa liberté, et qui se trouve dans la nécessité aujourd'hui d'en imposer aux étrangers qui veulent nous donner un maître de leur choix, pour faciliter leurs vues ambitieuses sur notre belle patrie.

Nous avons besoin de leur prouver, par des lois nouvelles et fondamentales, que tous les Français ont reconnu digne de régner celui que nous choisîmes il y a vingt ans pour commander nos armées, et qui les a toujours conduites à la victoire; celui dont les talens militaires, reconnus uniques par l'Europe entière, peut seul en ce moment nous garantir des incursions que les puissances alliées pourraient faire sur notre territoire.

Mais il est nécessaire d'apprendre aux étrangers que Napoléon, qu'ils redoutent, ainsi que ses descendans, ne pourront jamais tenter une guerre injuste, que l'amour-propre piqué ou la jalousie seule du souverain ferait naître, en compromettant les intérêts nationaux.

Les observations faites sur le préambule, nous ont dispensé naturellement d'en faire sur l'article premier.

En lisant les articles 3 et 4, on croit voir clairement que les membres de la commission chargée de la rédaction de ces actes étant assurée d'être nommés pairs de France, et sentant peut-être l'impuissance de leur fils pour être élevé à cette dignité, ont trouvé par ces deux articles le seul moyen de la leur conserver.

Eh ! pourquoi la place de pair ne serait-elle pas un honneur auquel tout Français de mérite pourrait aspirer ? Le souverain ne devrait l'accorder qu'au ministre, au conseiller-d'état, à l'ambassadeur ou au général qui aurait le plus rendu d'importans services à l'Etat, et même à son chef. Sans être fixé irrévocablement, le nombre des pairs pourrait s'élever à cent cinquante, et ne pourrait être moindre de cent ; car le peuple ne voit qu'avec peine un grand nombre de personnes auxquelles il est obligé de décerner des honneurs et de subvenir à la dépense, lors même que la pairie ne serait qu'honorifique ; il croirait toujours salarier indirectement celui qui en serait revêtu.

Enfin, l'hérédité dans la chambre des pairs est incohérente avec l'honneur même des pairs, qui se verraient dans quelque tems obligés de siéger avec des gens sans honneur ou sans capacité que la naissance placerait dans un corps respectable qui cesserait de l'être. L'hérédité ne peut et ne devrait être admise que dans le cas cité par l'article 6.

Nous dirons en passant, sur l'article 8, que le nombre des représentans des communes est trop considérable. Trois ou quatre cents représentans assemblés peuvent discuter avec autant de sagesse que six cents et plus, et occasionneraient beaucoup moins de frais pour l'Etat, car l'on ne saurait trop répéter que l'énormité apparente des dépenses effraye toujours les contribuables, qui ne cessent de se plaindre lorsqu'ils savent que dans l'origine on pouvait réduire ces dépenses.

Par l'article 9, la nomination du président de la chambre des représentans est soumise à l'approbation du souverain. Quelques personnes ne voient dans cet article qu'un acte arbitraire dans le refus de cette approbation; mais on doit supposer que le souverain ne pourra jamais contrarier le vote de la grande majorité des représentans qui se choisisent un chef; et qu'au surplus, les représentans, ayant fait un choix honorable, sauraient justifier la confiance de leurs commettans, en refusant de se prêter par complaisance à la cassation d'aucun acte discuté librement et voté par eux.

L'article 13 n'est point assez clair : « La » chambre des représentans, y est-il dit, est » renouvellée de droit en entier tous les » cinq ans. » Le sera-t-elle par cinquième chaque année pendant cinq ans, se demande-t-on; ou sera-t-elle renouvellée en totalité tous les cinq ans? beaucoup de personnes préfèrent le renouvellement par cinquième, parce qu'il cause moins l'effet d'une révolution subite dans un corps aussi nombreux: on ajoute également différentes autres causes qui dépendent de la première, mais qu'il serait trop long de détailler dans ces rapides observations.

L'article 17, qui rend compatible la qualité de représentant avec toutes fonctions publiques, est contraire aux intérêts du peuple, parce qu'un ministre, un conseiller-d'Etat, un préfet, et tous autres employés qui, par leur emploi, sont les hommes du souverain, ne peuvent être en même-tems ceux du peuple, dont les intérêts sont souvent très-opposés à ceux du prince.

Il serait à désirer que les demandes par le gouvernement de la formation en comité secret, dont parle l'art. 20, fussent très-rares, particulièrement dans la chambre des représentans.

S'il est différens articles dont on admire la sagesse, le peuple entier repousse avec une espèce de frémissement l'art. 21, dans lequel chacun n'aperçoit, par suite des tems, qu'un droit, non-seulement peu libéral, mais tyrannique de la part d'un souverain, sil peut à volonté dissoudre un corps nommé par le peuple, et dépositaire de ses intérêts, parce que ce corps n'aurait point adhéré à quelqu'acte dont leur conscience repousserait l'admission.

L'art. 22 présente les mêmes inconvéniens, puisque la chambre des pairs ne pourrait s'assembler pendant la dissolution de la chambre des représentans : alors rien ne peut opposer une digue aux désirs arbitraires d'un souverain, qui rendrait à sa volonté, et au détriment des intérêts du peuple, des actes qui auraient provisoirement force de loi, et qui seraient exécutés par la force, malgré les murmures de tout ce qui n'est point militaire.

Si les chambres sont forcées, comme il est dit article 23, de voter pour ou contre une loi, dont le souverain a refusé les amendemens, ce dernier sera presque toujours exposé au rejet de cette loi, parce qu'il est de l'intérêt général de ne point adopter une loi qui renferme un vice quelconque, et sur-tout un vice qu'on a la possibilité de faire disparaître. Le fonds de cet article est peu libéral.

Pourquoi, a-t-on demandé, l'article 29 veut-il que les colléges électoraux des départemens soient présidés par un pair? L'acte constitutionnel veut donc que les pairs, qui sont les hommes du souverain, disposent, dans les assemblées, de l'opinion des électeurs? Car personne n'ignore que le désir de plaire aux gens en place, est presque un besoin à tous les hommes, et une nécessité aux intrigans pour parvenir; d'après ces dispositions naturelles à l'homme, les électeurs devraient choisir tous les ans leur président parmi eux, et n'auraient aucun avantage à rechercher la faveur d'un de leurs égaux, et qu'alors seulement leur vote serait entièrement libre.

A l'égard de l'art. 31, voyez ce qui a été dit sur l'art. 8.

Pour l'intérêt des communes d'un département, chaque député devrait être pris au moins parmi les personnes nées ou domiciliées dans ce département, parce qu'un sentiment naturel nous porte à prendre vivement les intérêts de nos compatriotes, plutôt que ceux de simples commettans à qui nous ne devons que l'honneur d'avoir été choisi par eux.

Toutes les dispositions prescrites par les

articles 40 et suivans, jusques et y compris l'article 49, relatifs à l'accusation, à l'examen et au jugement des ministres, sont bien combinées entr'elles; mais ces dispositions commandent des lenteurs sans nombre, qui peuvent donner le tems à l'accusé, quelque coupable qu'il fût, de prendre toutes les mesures qu'il croirait convenables pour le tirer d'un mauvais pas, soit en prodiguant des faveurs à ceux qu'il a sujet de craindre, soit par tous autres moyens, qui sont à la disposition d'un homme aussi important que l'est un ministre.

Les citoyens ne sauraient donner assez d'éloges à l'art. 55, qui renvoie par-devant les tribunaux ordinaires, tout militaires qui serait prévenus d'un délit civil.

Comme la clémence est un des plus beaux appanages de la gloire des Princes, chacun applaudit à l'art. 57, qui donne au Souverain, le droit de faire grâce à toute espèce de coupables.

Mais on est étonné, il est vrai, de trouver dans l'article 65, qui assure le droit de pétition à tous les citoyens, qu'on est forcé de mettre l'intitulé: *A S. M. l'Empereur*, lorsqu'on a l'intention d'adresser une requête à l'une des chambres. La chambre qui prend une demande en considération, peut bien en faire part au Souverain, même en lui désignant le signataire, sans que ce signataire mette sur sa pétition une suscription qui pourrait causer quelqu'équivoque, ou qui pourrait empêcher un citoyen de faire une révélation utile au corps qui représente la masse de la nation. »

Nos observations sur les articles additionnels nous ont naturellement amenés à dire notre sentiment sur le décret qui ordonne la présentation de ces articles à l'acceptation du peuple français.

Pourquoi le peuple français n'est-il pas appelé à émettre son vœu dans une assemblée primaire, l'on aurait discuté sur chaque article; des amendemens utiles et même nécessaires auraient été présentés pour remplir les libérales intentions de celui dont le retour a causé notre joie et qui doit à l'avenir faire notre bonheur, ou le transmettre à une assemblée électorale. Si l'on est forcé de voter seulement pour OUI ou pour NON, disait un des membres de notre réunion, on ne se présentera nulle-part pour ne point adopter un acte sans les restrictions jugées nécessaires par la masse des citoyens.

Je m'élevais moi-même contre un abus aussi grand, je déplorais l'indolence des citoyens honnêtes qui avaient ainsi été cause de tous les maux auxquels notre patrie avait été livrée, pour ne s'être pas courageusement opposés aux vues tyranniques des intrigants, et par suite, aux projets incendiaires de certains exaspérés de la dernière classe du peuple, qui confondirent l'amour de la patrie avec le désir de se venger, sur tous ceux d'une classe supérieure, des vexations que leur avait fait éprouver l'ancienne noblesse. Je retraçais rapidement tous les malheurs et les crimes auxquels nous avons été en butte jusqu'à l'époque heureuse où un héros vint consoler l'humanité, par une prompte régénération et le rétablissement des droits du peuple ; j'invitais alors les membres de notre réunion à ne point commettre la même faute, qui nous conduirait à la même tyrannie, et peut-être aux mêmes crimes dont nous avons été les tristes témoins et les malheureuses victimes.

« Mais, que prétendez-vous faire, me dit un citoyen, puisqu'un décret nous interdit le droit de discuter. — Je prétends, répondis-je, que chacun vote selon sa concience, pour ce qu'il croit juste.»

Alors, la majorité de la réunion déclara qu'un grand nombre d'articles étant sages et bien conçus, et d'autres n'ayant pas les vues que nous leur croyons nécessaires pour le bonheur général de tous les individus, et devant opter entre le *oui* et le *non*, on sera consciencieusement obligé de voter pour la négative.

Il serait possible, messieurs, repris-je, de concilier les deux votes; dix jours ont été accordés; profitons de ce tems pour faire publiquement nos observations, elles parviendront au Prince, qui, j'en suis sûr, les verra avec plaisir. Dans le cas où elles deviendraient inutiles, nous voterons chacun selon notre sentiment, et nous aurons fait notre devoir.

www.ingramcontent.com/pod-product-compliance
Ingram Content Group UK Ltd.
Pitfield, Milton Keynes, MK11 3LW, UK
UKHW031057260726
13965UKWH00006B/2190

9 782013 580571